La materia

por Tracy A. Zeiser

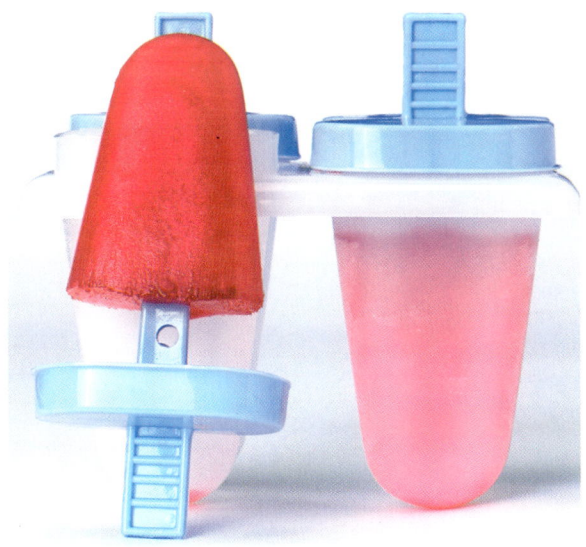

Scott Foresman
is an imprint of

Los objetos pueden ser de diferentes tamaños y formas.

El color y el peso de los objetos
pueden ser diferentes.

Los objetos se ven y se sienten diferentes.

Un sólido tiene forma.

Un líquido puede cambiar de forma.

Un gas puede cambiar de forma
y de tamaño.

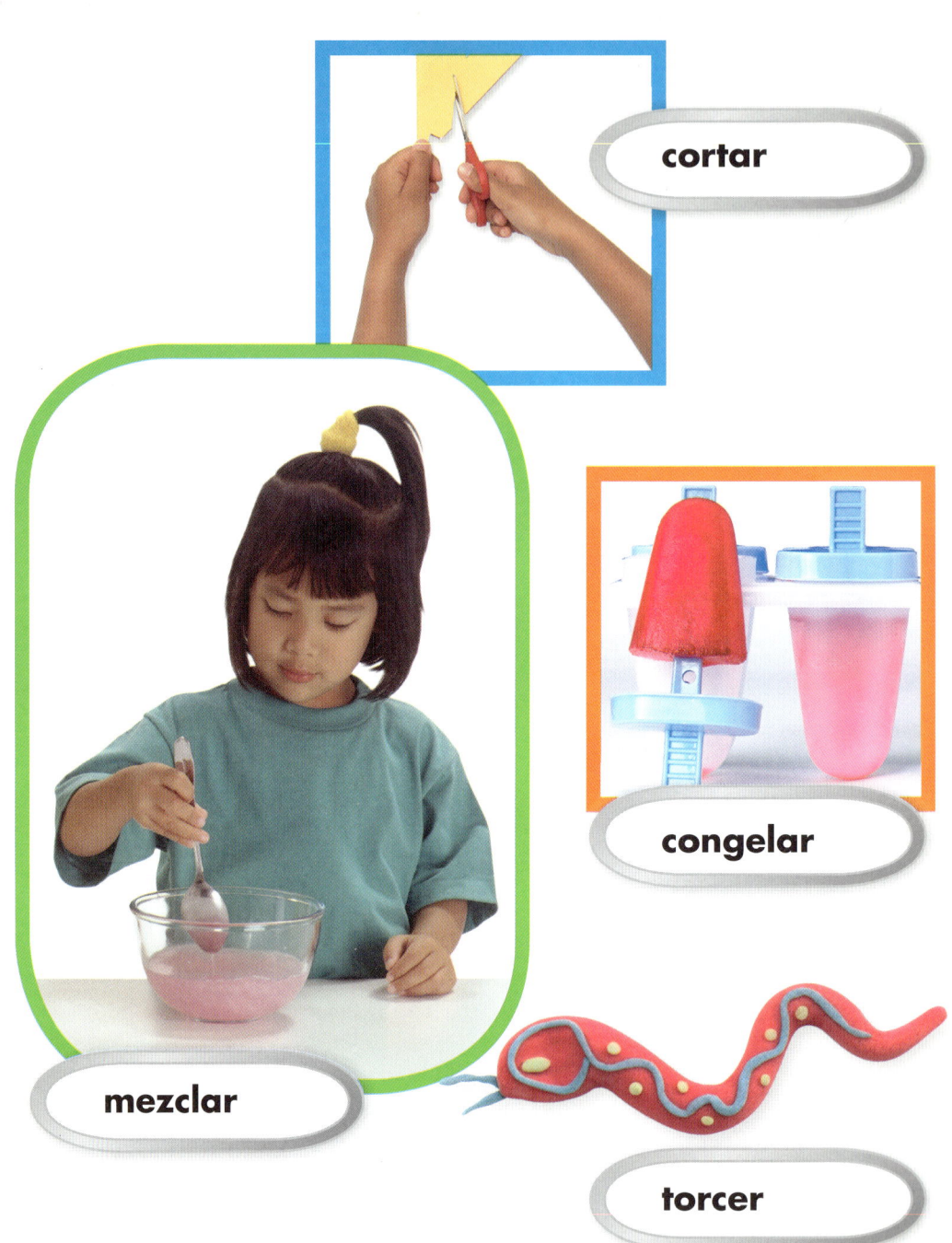

cortar

congelar

mezclar

torcer

Los sólidos, los líquidos y los gases pueden cambiar.